Nature's Cycles
Water

Los ciclos de la naturaleza
El agua

Dana Meachen Rau

 **Marshall Cavendish**
Benchmark
New York

It is a rainy day!

Rain is water that falls from the sky. You can watch the rain from your window.

¡Es un día lluvioso!

La lluvia es agua que cae del cielo. Puedes mirar la lluvia desde la ventana.

Water falls down to the Earth. Then it will go back up into the air. Then it will fall down again. That is the *water cycle*.

———◆———

El agua cae a la Tierra. Luego volverá al aire. Luego volverá a caer. Ese es el *ciclo del agua*.

Look at a *globe*. The blue parts are water. Most of Earth is covered with water. The water is in Earth's oceans. Earth also has water in rivers and lakes. Water is a *liquid*. That means it can be poured.

———————❖———————

Mira un *globo terráqueo*. Las partes azules son agua. La mayor parte de la Tierra está cubierta de agua. El agua está en los océanos de la Tierra. La Tierra también tiene agua en ríos y en lagos. El agua es un *líquido*. Eso significa que se puede verter.

The sun makes water *evaporate*. This means liquid water changes to *water vapor*. Water vapor is water in the air that you cannot see. *Humidity* is the amount of water vapor in the air.

———❖———

El sol hace *evaporar* el agua. Esto significa que el agua líquida se transforma en *vapor de agua*. El vapor de agua es el agua que hay en el aire y que no puedes ver. La *humedad* es la cantidad de vapor de agua que hay en el aire.

Think of a wet towel by the pool. The sun's heat makes the water evaporate. Then the towel is dry. The water is now in the air as water vapor.

———❖———

Piensa en una toalla mojada junto a la piscina. El calor del sol hace que el agua se evapore. Entonces la toalla está seca. El agua está ahora en el aire en forma de vapor.

Water evaporates from oceans, rivers, and lakes. Not all the water evaporates. A lot stays behind.

El agua se evapora de los océanos, los ríos y los lagos. No toda el agua se evapora. Mucha queda en su lugar.

Water even evaporates from your skin
when you sweat!

¡Hasta el agua de tu piel se evapora
cuando sudas!

Water vapor in the air turns into drops of liquid water. These drops make clouds. Clouds get heavy with water. The water drops to the ground.

El vapor de agua que hay en el aire se vuelve gotas de agua líquida. Estas gotas forman las nubes. Las nubes se hacen pesadas por el agua. El agua cae a la tierra.

If the *temperature* is warm, the water falls as rain.

❖

Si la *temperatura* es cálida, el agua cae en forma de lluvia.

If the temperature is cold, the water falls as snow or ice.

———❖———

Si la temperatura es fría, el agua cae en forma de nieve o de hielo.

Most rain falls into oceans. Rain falls onto land. Rain also falls into rivers and lakes.

———◆———

La mayor parte de la lluvia cae en los océanos. La lluvia cae sobre la tierra. La lluvia cae también en ríos y lagos.

Rain goes into the ground. Plants need water to live. Their roots soak up some of this water.

————◆————

La lluvia penetra en la tierra. Las plantas necesitan agua para vivir. Sus raíces absorben parte de esta agua.

Most water travels deep underground. It soaks down into the *soil*. This water is called *groundwater*.

La mayor parte del agua penetra profundamente bajo tierra. Se absorbe en el *suelo*. Esta agua se llama *agua subterránea*.

On land, streams flow into rivers. Rivers flow into oceans. Groundwater travels back toward the ocean, too. It flows slowly under the ground.

---❖---

En la tierra, los arroyos corren hacia los ríos. Los ríos corren hacia los océanos. El agua subterránea también viaja de regreso al océano. Corre lentamente bajo tierra.

Water in the oceans evaporates again. Cool air turns water vapor into drops that make clouds. The clouds drop the water back to Earth.

———❖———

El agua de los océanos se vuelve a evaporar. El aire frío transforma el vapor de agua en gotas que forman nubes. Las nubes dejan caer el agua de vuelta a la Tierra.

Earth has always had the same amount of water. It gets reused over and over again. Watch the water cycle at work!

———————❖———————

La Tierra ha tenido siempre la misma cantidad de agua. Se vuelve a usar una y otra vez. ¡Observa el ciclo del agua en movimiento!

Challenge Words

evaporate—To change from liquid water to water vapor.

globe—A round map of earth.

groundwater—Water traveling through soil deep underground.

humidity—The amount of water vapor in the air.

liquid—A substance that can be poured and that takes the shape of its container.

soil—The earth in which plants grow.

temperature —How hot or cold the air is.

water cycle—The series of things that happen over and over again as water turns to water vapor, water vapor becomes clouds, and clouds rain back down to the ground.

water vapor—Water in the air that you cannot see.

Palabras avanzadas

agua subterránea—El agua que penetra a través del suelo profundamente bajo tierra.

ciclo del agua—La serie de cosas que suceden una y otra vez cuando el agua se transforma en vapor de agua, el vapor de agua forma las nubes y las nubes descargan la lluvia de regreso al suelo.

evaporar—Pasar de agua líquida a vapor de agua.

globo terráqueo—Mapa redondo de la Tierra.

humedad—Cantidad de vapor de agua que hay en el aire.

líquido—Sustancia que se puede verter y que toma la forma del recipiente que la contiene.

suelo—La tierra en la que crecen las plantas.

temperatura—Nivel de calor o de frío del aire.

vapor de agua—Agua que hay en el aire y que no se puede ver.

Index

Índice

The author would like to thank Paula Meachen
for her scientific guidance and expertise in reviewing this book.

With thanks to Nanci Vargus, Ed.D.,
and Beth Walker Gambro, reading consultants.

Marshall Cavendish Benchmark
99 White Plains Road
Tarrytown, New York 10591
www.marshallcavendish.us

Library of Congress Cataloging-in-Publication Data

Rau, Dana Meachen, 1971–
[Water. Spanish & English]
Water = El agua / Dana Meachen Rau.
p. cm. — (Bookworms. Nature's cycles = Los ciclos de la naturaleza)
Includes index.
Parallel text in English and Spanish; translated from the English.
ISBN 978-0-7614-4792-4 (bilingual ed.) — ISBN 978-0-7614-4099-4 (English ed.)
1. Hydrologic cycle—Juvenile literature. I. Title. II. Title: Agua.
GB848.R3818 2010
551.48—dc22
2009019025

Editor: Christina Gardeski
Publisher: Michelle Bisson
Designer: Virginia Pope
Art Director: Anahid Hamparian

Spanish Translation and Text Composition by Victory Productions, Inc.
www.victoryprd.com

Photo Research by Anne Burns Images

Cover Photo by *Getty Images*/Daryl Benson

The photographs in this book are used with permission and through the courtesy of:
Corbis: pp. 1, 20 Rainman/zefa; p. 8 Bill Ross; p. 11 George Contorakes; p. 16 Mark Mawson;
p. 28 The Irish Image Collection. *Photo Edit*: p. 2 Felicia Martinez; p. 7 Michael Newman. *Photri Microstock*:
pp. 4, 24. *Photo Researchers*: p. 12 Michael Gadomski; p. 23 Nigel Cattlin. *Getty Images*: p. 13 Miroku;
p. 14 Adrian Nakic; p. 17 Marc Wilson Photography; p. 19 Stuart Westmorland. *Peter Arnold*: p. 27 Joerg Boethling.

Printed in Malaysia
1 3 5 6 4 2